Der wirtschaftliche Wiederaufbau von Elsaß-Lothringen nach dem Kriege.

Von

Ernst Zander,

Zivilingenieur.

Straßburg i. Els.

Verlag von Karl J. Trübner

1917.

Der wirtschaftliche Wiederaufbau von Elsaß-Lothringen nach dem Kriege.

Von

Ernst Zander,
Zivilingenieur.

Straßburg i. Els.
Verlag von Karl J. Trübner
1917.

Druck von M. DuMont Schauberg, Straßburg.

Inhaltsangabe:

Der wirtschaftliche Wiederaufbau Elsaß-Lothringens nach dem Kriege

I. Allgemeine Lage vor dem Kriege

Elsaß-Lothringen war in den letzten Jahren vor dem Kriege auf dem besten Wege, nach vier Jahrzehnten unklarer politischer und wirtschaftlicher Verhältnisse sich auf beiden Gebieten eine bessere und aussichtsreichere Zukunft zu sichern. Politisch war die Aussicht auf größere Selbständigkeit vorhanden und wirtschaftlich hatte neben günstiger Entwicklung der alten Gewerbe das Aufblühen der Lothringer Eisenindustrie, die Schaffung neuzeitlichen Hafenverkehrs in Straßburg und die Entstehung des vielversprechenden oberelsässischen Kalibergbaues genügend sichere Grundlagen gegeben, um darauf ein aussichtsreiches Staatsleben innerhalb des deutschen Reiches zu gewährleisten.

II. Die Wirkung des Krieges

Während vor dem Kriege das übrige Deutschland durchweg auf eine glänzende, ruhige und sichere Entwicklung zurückschauen konnte, die sich auf jahrzehntelang von einheitlichem Wollen getragene zielbewußte Wirtschaftspolitik und vor allem ungeteilte Mitarbeit der ganzen Bevölkerung stützte, traf der Krieg das elsaßlothringische Wirtschaftsleben in einem viel jüngeren und weniger gefestigten Entwicklungszustand. Schon diese Tatsache mußte die wirtschaftlichen Kriegseinflüsse in Elsaß-Lothringen viel schlimmer wirken lassen als im übrigen Deutschland. Ungleich mehr aber verwundete der Krieg darüber hinaus die elsaß-lothringische Wirtschaft, weil sie die eines Grenzlandes war, das vom ersten Tage des Krieges an im wahrsten Sinne des Wortes ein nun schon länger als drei Jahre beranntes Glacis der belagerten Festung Deutschland ist und einen Teil seines Vorgeländes seit ebenso langer Zeit vom Feinde besetzt sieht.

Die wirtschaftliche Lähmung der ersten Kriegswochen verflog im inneren Deutschland schnell; denn fern vom Feind und sicher vor ihm erhielt sich viel leichter ohne Sorgen um Haus und Herd die vaterländische Begeisterung, vor allem aber wirkten gewaltige Kriegsaufträge für eine Wiederaufrichtung des Wirtschaftslebens und schufen an vielen Stellen blühendere Verhältnisse als selbst im Frieden. Diese Stütze fiel nun für Elsaß-Lothringen zunächst vollständig fort. Ein großer Teil des Landes ist militärisches Sperrgebiet, in dem die Grundlage jedes Wirtschaftslebens, der Verkehr, stark gehemmt werden mußte.

Von 1,8 Millionen Einwohnern erfreut sich nur ein Bruchteil im Norden des Landes der bürgerlichen Freiheiten, die der Krieg den übrigen Deutschen noch gelassen hat, im allgemeinen ist das Verlassen des Heimatsortes unmöglich gemacht und der Einzelne ist aufs äußerste in seiner persönlichen Freiheit beschränkt.

Die zahlreichen aus Kriegsrücksichten still gelegten Betriebe und der in dem vorwiegend gewerblichen und industriellen Lande deshalb geringe Umfang der Kriegsindustrie verursachen, daß die Zahlen der vom Heeresdienst Reklamierten in Elsaß-Lothringen im Verhältnis viel geringer und damit seine Verluste wahrscheinlich größer sind als in den übrigen deutschen Staaten.

Die für das übrige Deutschland so nützliche Arbeitskraft der Kriegsgefangenen kommt für Elsaß-Lothringen in vielen Gebieten gar nicht in Frage, in anderen nur in ganz beschränktem Umfang. Die Einwohner selbst sind seit fast drei Jahren mit starken Einquartierungen belastet. Die wirtschaftlichen Kriegslasten der Gemeinden sind nicht kleiner, sondern eher größer, als im übrigen Deutschland, während Handel und Verkehr tot sind und die Steuerkräfte des Landes zurückgehen. Zu allem kommt noch die für einen lebendigen, intelligenten und hochkultivierten Volksstamm besonders drückende Ungewißheit der zukünftigen politischen Form seiner Heimat innerhalb des deutschen Staatsgebietes. Keinem Grenzgebiet Deutschlands hat auch nur annähernd der Krieg so tiefe und so schwer heilbare Wunden geschlagen wie Elsaß-Lothringen und seinem Wirtschaftsleben.

Zwar ist die Zahl der zerstörten Ortschaften und die geldliche Höhe des Sachschadens, an sich ebenfalls groß, kleiner als die Riesenschäden in Ostpreußen; aber Ostpreußen war, dank den Schlägen Hindenburgs, in wenigen Monaten von den Russen befreit; denn Hindenburg trug in raschem Siegeszuge die Grenzen der Schützengräben weit ins feindliche Land hinein. Dazu kam vor allem, daß Ostpreußen das Glied des reichen, großen, selbstbewußten und hilfsbereiten Preußen war und sofort der preußische Staat für sein schwer verletztes Grenzgebiet in großzügiger Opferwilligkeit eintrat. Die Wiederaufrichtung Ostpreußens wurde so materiell glänzend unterstützt; vor allem aber half auch das moralische Bewußtsein dem Ostpreußen, einen starken Rückhalt an seinem Staate zu haben und über seine zukünftige Stellung in diesem Staate jeden Zweifels enthoben zu sein.

Keine dieser in Ostpreußen so wirksamen Stützen stehen Elsaß-Lothringen zu Gebote; unverändert liegen die Schützengräben seit Kriegsbeginn längs seiner Grenzen, ja schnüren im Süden des Landes einen kleinen wertvollen Teil ab. Die aus Deutschland gekommenen Unterstützungen, so dankbar sie aufgenommen wurden, waren Almosen, ohne daß dem Reichsland von seiten des Reiches selbst wirtschaftliche Zusicherungen gemacht worden wären, wie Ostpreußen von seiten Preußens. Dazu zermürbt die Tatsache, daß das, was in Ostpreußen Monate dauerte, im Reichsland ebenso viele Jahre währt. Dabei beruht der Reichtum Ostpreußens auf seinen landwirtschaftlichen Werten; schon die erste Saat nach dem Abzuge der Russen gründete die alten Werte neu und die neuen Ernten brachten Erträge, die bei der hohen Rentabilität der Landwirtschaft im Kriege schnell die alte Wirtschaftslage wiederherstellten. Die Grundlage des ostpreußischen Reichtums, die Fruchtbarkeit seines Bodens, war eben unzerstörbar, sein Charakter ist robust.

Die wirtschaftlichen Hauptwerte Elsaß-Lothringens dagegen sind nervöser, leicht verletzbarer Natur und beruhen auf der Tüchtigkeit und Erfahrung seiner Bevölkerung in Handel, Gewerbe und Industrie, auf Organisationen, die in oft jahrzehntelanger mühevoller Arbeit aufgebaut wurden und nun in mehr als dreijährigem Siechtum chronisch krank zu werden drohen.

Es ist hohe Zeit, daß in Deutschland dieses gewaltige Opfer seines Reichslandes mehr als bisher bekannt wird, und daß die Folgen daraus schnell gezogen werden. Statt dessen ist das einzige, was man im Reiche über Elsaß-Lothringen hört, eine schlechte Stimmung über die „Undankbarkeit“ der Elsaß-Lothringer.

Verräter gehören auf das schärfste gestraft, daran darf nicht gerüttelt werden; aber ehe man wegen der Taten Einzelner ein ganzes Grenzvolk verdammt, vergesse man nicht, daß überall an der Berührungsstelle politisch gespannter Völker der Spion mit derselben Naturnotwendigkeit emporwächst wie Schilf an der Grenze von Land und Wasser. Was das Volk als Ganzes durch zweifellos vorhandene Halbheit und Unklarheiten seines politischen Denkens und Taktgefühls verschuldete, hat es mehr als hundertfach büßen müssen, indem es nun schon im vierten Jahre die Last des Krieges so unmittelbar und schwer trägt wie auch nicht angenähert das übrige Deutschland.

III. Die wirtschaftlichen Folgen nach dem Kriege

Elsaß-Lothringen wird aus dem Krieg heraustreten als ein durch mehr als dreijährige Unterbindung seines Wirtschaftslebens aufs äußerste geschwächter, im höchsten Grade blutarmer Körper. Schon diese innere Schwäche wird die Genesung des Wirtschaftslebens viel schwieriger gestalten als im übrigen Deutschland. Dazu kommen andere Gefahren: Die Belebung der mitteleuropäischen Wirtschaftsidee hat eine große Verschiebung der Blicke von Deutschland nach Südosten bewirkt; neue Handelswege werden in der Richtung Berlin—Budapest—Balkan—Kleinasien und von Süddeutschland über den Donauweg entstehen, wobei Elsaß-Lothringen in den toten Winkel zu geraten droht.

Unser Land hatte vor dem Krieg einen ausgesprochenen Durchgangsverkehr in der Richtung Antwerpen—Schweiz und Frankreich—Süddeutschland. Die Unsicherheit der Zukunft Belgiens und Antwerpens und der zukünftigen Handelsbeziehungen Deutschlands mit der Schweiz und Frankreich werden diesen wichtigen Durchgangsverkehr ungünstig beeinflussen.

Die Bestrebungen des neugegründeten Südwestdeutschen Kanalvereins gehen darauf hinaus, eine Verbindung vom Neckar und Main zur Donau und damit nach Südwesteuropa zu schaffen. Auch diese Linie drängt Elsaß-Lothringen in den toten Winkel nach Südwesten. Nur wenn dieser Verein die schwierige und jedenfalls zuletzt verwirklichte Linie von der Donau zum Bodensee zuwege bringt, wenn dazu die Frage der Schiffahrt von Straßburg zum Bodensee geregelt und die Kanalverbindung von Straßburg in das lothringische Industriegebiet verbessert ist, kann das Land und der Hafen von Straßburg als Durchgangsplatz des Verkehrs von Belgien, Luxemburg und Lothringen nach Südosteuropa einige Vorteile erhoffen.

Erfreulich ist, daß sich in Deutschland in politischen Kreisen immer mehr die Anschauung Bahn bricht, die Abtrennung feindlicher Gebiete und die Sicherung gegen den Feind der Zukunft im Osten zu suchen. Das läßt erhoffen, die wirtschaftlichen Beziehungen zwischen Deutschland und Frankreich möglichst bald wieder herzustellen und dadurch, nach Beseitigung der chauvinistischen französischen Richtung, die für das Wirtschaftsleben Elsaß-Lothringens bedeutsamen deutsch-französischen Beziehungen brauchbar zu gestalten.

Eine wichtige Kriegsfolge wird noch für Elsaß-Lothringen die Aufrollung der Oberrheinfrage bilden. Ohne Zweifel wünscht die Schweiz in irgend einer Form Einfluß auf ihren Hauptzufahrtsweg, die Rheinstraße zu gewinnen. Das Reich selbst hat großes Interesse an der halben Million Pferdestärken, die der Rhein zwischen Straßburg und Basel hergeben kann, ein Interesse, das vor allem während des Krieges durch neu entstandene und auch nach dem Krieg lebensfähige Industrien geweckt wurde.

Eine sehr wichtige Folge des Krieges ist schließlich für die Grenzgebiete Deutschlands die Vervollkommnung der Luftkampfmittel und des Bombenwerfens aus Luftfahrzeugen. Die südwestdeutschen Grenzgebiete haben während des Krieges nach dieser Richtung eine Fülle trauriger Erfahrungen machen müssen. Dabei ist es leider zweifellos, daß die Entwicklungsmöglichkeiten des Angriffs aus der Luft noch ganz gewaltige sind, und daß bei einem etwaigen zukünftigen Kriege Bedrohungen aus der Luft für die Grenzgebiete stattfinden werden, gegen die das bisher Erlebte ein Kinderspiel ist. Alle industriellen Bauten von einiger Wichtigkeit im westlichen Grenzgebiet werden erschwert und verteuert werden durch diese zukünftige Bedrohung. Der Entschluß, neue Wirtschaftsbetriebe in die Grenzgebiete zu legen, wird außerordentlich schwierig werden, solange diese Gefahr für die Zukunft bestehen bleibt.

Das ganze westliche Grenzgebiet, die Rheinprovinz, Hessen, die Pfalz, Baden, Elsaß-Lothringen werden die schädlichen Folgen dieser Abwanderung bestehender Industrieanlagen und das Wegbleiben neuer Unternehmungen zu spüren bekommen, wenn es nicht gelingt, durch internationale Abmachungen das Bombenwerfen aus der Luft hinter der Front zu verbieten. Da das Wirtschaftsleben aller Staaten ein derartiges Verbot als eine wesentliche Erleichterung empfinden muß, so darf man hoffen, daß wenigstens diese gewaltige Zukunftsbedrohung, die vielmehr für den Westen als für den Osten Deutschlands in Frage kommt, beseitigt werden kann.

IV. Die alten Grundlagen des Wiederaufbaues

Die für das Elsaß wichtige Textilindustrie braucht Baumwolle, Wolle und Seide. Leider darf heute schon als sicher angenommen werden, daß die Anlieferung des erforderlichen Rohmaterials mit Rücksicht auf die deutsche Valuta für eine Reihe von Jahren nach dem Kriege nur unter Kontrolle des Staates und in beschränktem Umfange möglich ist.

Es wird daher im Oberelsaß schwierig sein, die Spinner und Weber nach dem Kriege genügend zu beschäftigen. Hoffentlich gelingt es den oberelsässischen Textilindustriellen, sich in ähnlicher energischer Weise zusammenzutun, wie den württembergischen und sächsischen, die bereits eifrig an der Arbeit sind, die Schwierigkeiten durch Zusammenschluß und Verhandlungen mit der Reichsregierung zu verkleinern.

Wegen der Lage im Kriegsgebiet ist die Schädigung der elsässischen Textilindustrie viel schwerer als die des deutschen Textildurchschnittes; der Prozentsatz an im Elsaß verarbeitetem Rohmaterial ist für Baumwolle, Wolle und Seide während des Krieges viel geringer als in Friedenszeiten. Wenn auch die Besitzer der Betriebe für diesen Ausfall wenigstens teilweise entschädigt werden, so ist doch sowohl der Verdienstausfall für die Arbeiter und Beamten als auch deren Abwanderung und Entwöhnung vom Beruf eine üble Beigabe.

Dazu kommt neuerdings auf Grund der Liquidationen feindlichen Eigentums das Eindringen sächsischer, württembergischer und bayrischer Konkurrenz, die elsässische Betriebe auf diesem Wege möglichst billig zu erwerben suchten und dadurch die Inventurwerte der den deutschen Elsässern gehörenden Betriebe herunterdrückten. Dabei handelt es sich um einige Hundert Millionen Mark elsässischen Wirtschaftsvermögens, die ohnehin durch den Krieg schwer getroffen sind und die durch das Vorgehen eines eigens zu diesem Zweck gegründeten altdeutschen Aufkaufsverbandes weiter mit großen Verlusten bedroht werden. Man kann es daher nur lebhaft bedauern, daß die vor dem Krieg hoffnungsvoll einsetzende Annäherung der heimischen Textilindustrie an die altdeutsche durch eine scharfe Spannung verdrängt wird, es müßte denn in letzter Stunde eine Änderung in der Politik und im Gebaren jenes altdeutschen Verbandes eintreten.

Eine grundsätzlich unter Umständen nützliche Idee droht durch die brüske Form und den Mangel an diplomatischem Geschick zu einer schweren Schädigung elsässischer Interessen zu werden.

Die Lothringer Eisenindustrie wird wahrscheinlich weiter recht guten Zeiten entgegensehen, und schon aus diesem Grunde wäre es verhängnisvoll für das ganze Reichsland, wenn etwa dieser wichtige Eckpfeiler unseres Wirtschaftslebens abgetrennt und einem anderen Bundesstaat einverleibt würde. Die Bautätigkeit wird in Deutschland nach dem Kriege erheblichen Umfang annehmen, ebenso dürfte der gewaltige Bedarf Frankreichs beim Wiederaufbau seiner zerstörten Gebiete fördernd auf die Lothringer Eisenindustrie einwirken. Weiter wird der für viele Jahre nach dem Krieg gewaltig gesteigerte Bedarf aller Werften nach Eisenblechen die Lothringer Hochöfen und Walzwerke beschäftigen. Wenn auch die spätere Kanalisierung der Mosel den Austausch von Erz und Koks zwischen Lothringen und Westfalen an sich ziehen wird, so steht dagegen, daß die vor dem Krieg gelungene Gewinnung von koksfähiger Kohle in Lothringen selbst, die Schaffung von Hochöfen und Eisenhütten im Lande, wie sie vor dem Krieg in immer weiterem Umfange geschah, die Verarbeitung der Erze heben und damit ihre Ausfuhr verhältnismäßig verringern wird. Für diese Eisenprodukte führt aber ein wichtiger Absatzweg von Lothringen nach Südwestdeutschland in die Schweiz, nach Italien, von da über See nach dem östlichen Mittelmeergebiet. Die Verbesserung des Kanalweges zwischen Lothringen und Straßburg, sei es der bestehenden Linie, sei es einer neuen Linie durch Deutsch-Lothringen, wird daher für die Annäherung des Lothringer Industriegebietes an den Mittelpunkt Elsaß-Lothringens von Wichtigkeit sein.

Sehr gute Aussichten für die Zeit nach dem Kriege bieten sich der durch die Lage im Kriegsgebiete gegenwärtig schwer geschädigten oberelsässischen Kaliindustrie, und es ist zu hoffen, daß die Arbeitslosigkeit, die einen Teil der oberelsässischen Textilindustrie nach dem Kriege bedroht, durch die erhöhte Arbeitsgelegenheit der benachbarten Kaliindustrie gemildert wird.

Die Absperrung des einzigen Kalilieferanten der Welt während dreier Jahre vom Weltmarkt hat in allen ackerbautreibenden Ländern einen beispiellosen Kalihunger erzeugt. Wird schon aus diesem Grunde die verlustreiche Zeit des deutschen Kalibergbaues bei richtiger Preispolitik in der Zeit nach dem Kriege mehr als ausgeglichen werden, so nimmt für die Deckung des Weltbedarfs aus besonderen Ursachen das oberelsässische Kali eine bevorzugte Ausnahmestellung ein. Wegen seines wesentlich höheren Prozentgehalts ist es, auf die Gewichtseinheit berechnet, wertvoller und kräftiger in der Wirkung; da nun vielleicht die umwälzendste Erscheinung auf dem Weltmarkt nach dem Kriege die beispiellose Frachtverteuerung sein wird, die teils durch die Verluste an Schiffsraum, teils durch die Leerung aller Rohstoffläger verursacht wird, so ist es klar, daß das hochwertigere elsässische Kali aus den riesigen Überseefrachten noch mehr Nutzen ziehen wird als das mitteldeutsche Kali. Die Lösung der Oberrheinfrage muß dem Gebiet von Mülhausen, also auch dem Kaligebiet, den durchaus möglichen unmittelbaren Anschluß an die Rheinschiffahrt bringen.

Die Industrieen der Baumaterialien, vor allem die Lothringer Zementfabriken, werden sowohl durch den Wiederaufbau der zerstörten Ortschaften des Landes wie auch durch die hoffentlich infolge der guten Wasserverbindung mögliche Beteiligung am Wiederaufbau der zerstörten Gebiete Frankreichs auf Jahre hinaus gute Beschäftigung finden.

Die Maschinenindustrie des Landes wird für den voraussichtlich großen Bedarf von Rußland und Südeuropa durch die ungünstige Frachtlage benachteiligt werden. Immerhin werden Lokomotiven, Werkzeugmaschinen und Eisenbahnfahrzeuge, deren Herstellung im Lande heimisch ist, infolge der gewaltigen Abnutzung gerade dieser Gegenstände im Kriege später auf gute Beschäftigung hoffen dürfen. Wichtig wird es für die gesamte Eisen verarbeitende Industrie, vor allem des Elsasses, sein, daß die Frachtverbindung mit dem Lothringer Eisenbezirk auf das denkbar beste ausgebaut wird.

Die alte und berühmte Lebensmittelindustrie von Elsaß-Lothringen wird, gestützt auf die musterhafte und sonst in Deutschland kaum erreichte langjährige Organisation der bäuerlichen Wirtschaften des Elsasses zum Gemüsebau, auch nach dem Kriege ihre Sonderstellung wieder einnehmen können, zumal die Läger an Gemüse und Obstkonserven in ganz Mitteleuropa nach dem Kriege sehr auffüllungsbedürftig sein werden. Es wird unserer Lebensmittelindustrie zum Nutzen gereichen, wenn es gelingt, in den lothringischen Kreisen, in welchen vorwiegend Großgrundbesitz und Pächterwirtschaft fast nach englischem Muster betrieben wird, eine Aufteilung und eine Besiedelung durch einheimische Bauern herbeizuführen. Die an sich nicht sehr starke Bevölkerungsvermehrung in Elsaß-Lothringen zeigt gerade in diesen Kreisen des lothringischen Großgrundbesitzes einen Stillstand bezw. Rückgang der Bevölkerung vor dem Kriege. Da die Wirtschaftspolitik eines Landes ohne richtige Bevölkerungspolitik unmöglich ist, so muß auf diesen Punkt der lothringischen Innenkolonisation besonderer Wert gelegt werden. Hier droht nun eine sehr große Gefahr von Frankreich her. Die überaus starke Verminderung der männlichen Bevölkerung Frankreichs durch den Krieg in Verbindung mit den gewaltigen Aufgaben, die dem französischen Volke durch den Wiederaufbau der zerstörten Gebiete für lange Jahre gestellt werden, wird zumal in Anbetracht der vielen Fäden, die die hiesige Bevölkerung infolge der geschichtlichen Entwicklung der letzten 200 Jahre mit den westlichen Nachbarn verbinden, eine gewaltige Anziehungskraft auf die männliche Bevölkerung Elsaß-Lothringens ausüben. Von Frankreich wird wahrscheinlich alles mögliche getan werden, um zur Erhaltung der französischen Rasse gerade auf die elsaß-lothringischen Männer zurückgreifen zu können. Da ein derartiger Aderlaß an der Volkskraft unseres Landes gerade die im arbeitsfähigsten Alter stehenden Männer abziehen würde, muß auf diese Gefahr ganz besonders hingewiesen werden.

V. Die Neuschaffung von Industrien im Lande

Wenn es auch nach dem Vorhergehenden möglich sein wird, bei genügender Mithilfe des Reiches und weiter Fassung des Begriffes Kriegsschaden mit den vorhandenen Industrien und Gewerben ein brauchbares Wirtschaftsleben im Lande wieder hervorzurufen, so drohen doch, wie oben genügend erörtert, so viele Gefahren, daß von einer gesicherten Zukunft des Landes auf Grund der bestehenden Industrien nicht gesprochen werden kann. Es muß daher vor allem die Sorge der maßgebenden Kreise sein, neue Industrien ins Land zu ziehen, vorausgesetzt, daß nicht irgendwelche künstlichen Mittel dazu angewandt werden müssen, sondern daß die Entwicklung natürlicher, unserem Lande eigentümlicher Grundlagen den gesunden Nährboden für neue Industrien schafft. Wenn schon vor dem Kriege manche deutsche Großstadt die Erfahrung machen mußte, daß die Opfer, die man an Hafenbauten, Schaffung von Industriegelände, an sonstigem Entgegenkommen zwecks Heranholung von neuer Industrie brachte, in keinem Verhältnis zu dem Nutzen einer künstlich herangezogenen Industrie standen, so gilt nach dem Kriege in noch viel höherem Maße der Satz, daß nur die Industrie einem Lande von Nutzen sein kann, die auf Grund der natürlichen Eigenschaften des Landes sich entwickelt, wobei allerdings eine gesunde Bevölkerungspolitik notwendigerweise nebenher gehen muß.

Elsaß-Lothringen ist nun in der glücklichen Lage, einen Teil der unendlichen Kriegsschäden durch die Entwicklung einer natürlichen Hilfsquelle ausgleichen zu können, wie sie in ganz Europa in der Art nicht wieder vorkommt: das sind die gewaltigen Wasserkräfte des Rheines zwischen Basel und Straßburg, die durchschnittlich eine halbe Million Pferdestärken hergeben können. Die von dem Verfasser seit zehn Jahren bearbeitete Frage hat ihn seit dem Jahre 1909 veranlaßt, in der Öffentlichkeit auf die in Europa einzig dastehende Bedeutung dieser Wasserkraft hinzuweisen. Der Standpunkt des Verfassers ist lange Jahre nicht geteilt worden; die Entwicklung vor allem unserer großchemischen Industrie während des Krieges und die Belastung unseres Kohlenbergbaues haben nun aber seit kurzem bewirkt, daß von seiten des Reiches die Bedeutung dieser Wasserkräfte für das deutsche Wirtschaftsleben erkannt wurde, und daß nunmehr Aussicht vorhanden ist, diese gewaltige Kraftquelle, die an sich viel zu groß ist, um zumal bei den beschränkten Finanzen nach dem Krieg von den beiden Eigentümern Elsaß-Lothringen und Baden voll ausgenützt zu werden, ihrer Wirklichkeit einen Schritt näher zu bringen. Zwar gibt es bekanntlich auch in Oberbayern große Wasserkräfte, wenn auch nicht in der gewaltigen zusammenhängenden und jahraus, jahrein gleichmäßigen Form. Auch die großen und billig auszubauenden norwegischen Wasserkräfte sind seit Jahren der Öffentlichkeit bekannt. Keine Großwasserkraft Europas hat aber wie die oberrheinische den gewaltigen Vorteil, in einer industriell hoch entwickelten Gegend und unmittelbar an der größten und besten Verkehrsstraße Europas zu liegen. Das nicht weit entfernte Lothringer Eisengebiet wird diese Wasserkraft nützlich entwickeln helfen, in viel höherem Maße noch das unmittelbar neben den Wasserkräften liegende oberelsässische Kali, das für gewisse vom Kali ausgehenden elektrochemischen Produkte nirgend sonst erreichbare Bedingungen bietet.

Die Herstellung von Aluminium erfordert allein für den Umfang des deutschen Bedarfs in Zukunft etwa 200 000 Pferdestärken, von denen 60 000 durch eine neue Gründung an dem bayrischen Inn gedeckt werden sollen. Wesentlich günstiger liegen diese Aluminiumfabriken an der oberelsässischen Rheinkraft, weil dort die Frachtverhältnisse für Zu- und Abfuhr viel bessere sind, und auch die Zufuhr des Bauxits, der besten hierfür geeigneten Tonerde, auf dem Wasserwege möglich ist. Hauptsächlich wird aber die im Kriege entstandene Stickstoffindustrie den gegebenen natürlichen Entwicklungsboden an den Wasserkräften des Oberrheins finden.

So glänzend nun dieses Bild der Zukunft für die oberrheinischen Wasserkräfte aussieht, so sehr muß davor gewarnt werden, die Schwierigkeiten zu unterschätzen, die weniger einem Ausbau der Wasserkräfte an sich als einem Ausbau zu Nutzen des Landes entgegenstehen.

Bekanntlich ermöglicht die neuzeitliche Elektrotechnik, die heute schon betriebssicher mit Spannungen bis zu 150 000 Volt über Land geht, die gewaltigsten Kräfte auf weite Entfernungen fortzuleiten. Da nun in sehr maßgebenden Kreisen bisher die Ansicht vorherrscht, daß die für das Wirtschaftsleben Deutschlands wichtigen Industrien nicht an der Grenze oder in der Nähe untergebracht werden dürfen, so besteht leider die Möglichkeit, daß zwar die dem Lande gehörenden Wasserkräfte ausgebaut werden, die Hauptsache aber, ihre industrielle Verwertung, fern von ihrem Ursprung vor sich geht. Wenn es auch an sich durchaus zu begrüßen ist, daß einmal die Wasserkräfte des Oberrheines Anschluß an ein großes deutsches Elektrizitätsnetz finden, so wäre es doch eine kaum weiter zu treibende Ungerechtigkeit, einem Lande, das eine mehr als dreijährige Kriegslast in seinem Wirtschaftsleben mehr als irgend ein anderes Stück Deutschlands aufs äußerste geschwächt hat, den einzigen wirklichen Naturschatz, der die Neuschaffung eines kräftigen Wirtschaftslebens ermöglichen wird, aus seinem Besitz hinwegzuführen und dem Lande so für alle Zukunft die Hoffnung auf einen wirtschaftlichen Wiederaufstieg zu nehmen. Elsaß-Lothringen hat, gestützt auf das Lothringer Industriegebiet, den Straßburger Hafen, das oberrheinische Kali, die oberrheinische Wasserkraft, und nicht zuletzt die allgemeine Kulturhöhe und Betriebsamkeit seiner Bevölkerung, durchaus die Grundlagen, um sich selbständig wiederaufzurichten, vorausgesetzt, daß es beim Reich Verständnis für die schweren Wunden des Krieges und ihre Heilung findet, und weiter vorausgesetzt, daß keines der natürlichen Hilfsmittel des Landes ihm genommen wird.

VI. Der Weg zum Wiederaufbau

Aus dem Vorhergehenden ergibt sich, daß Mittel und Wege vorhanden sind, bei verständnisvollem Entgegenkommen des Reiches und beim Fortfall unnötiger trennender Eingriffe in den Gebietsumfang, Elsaß-Lothringen wirtschaftlich wieder allmählich so zu kräftigen, daß es auf eigenen Füßen stehen und ein gesundes Wirtschaftsleben führen kann. Hierzu ist aber vor allen Dingen eines erforderlich: Das Zusammenfassen der wirtschaftlichen Willenskräfte des Landes, und zwar aller ohne Ausnahme, zu einer festen und zielbewußten Einheit. Ein Hilfsmittel hierfür wird der neu gegründete Verband zum Wiederaufbau unseres Wirtschaftslebens sein. Dieser Verband wird zunächst die Schäden feststellen, die in ganz unvergleichlich größerer

Weise Elsaß-Lothringen getroffen haben, wie irgend ein anderes Gebiet des deutschen Reiches, eine Tatsache, die der öffentlichen Meinung Deutschlands durch die Presse und nötigenfalls durch Vorträge endlich einmal eindringlich vorgeführt werden muß. Elsaß-Lothringen ist in dieser Beziehung bisher während des Krieges das Stiefkind Deutschlands gewesen. Man stritt sich zwar um seine einzelnen Teile, man half ihm dagegen auch nicht im entferntesten so, wie in der anderen Ecke Deutschlands Ostpreußen geholfen wurde. Die nützliche Folge dieser Bearbeitung der öffentlichen Meinung Deutschlands wird sein, daß endlich in Deutschland die Erkenntnis einer Verpflichtung gegenüber den Kriegsleiden dieses vielgeprüften Landes aufkommt.

Sodann sind von dem Verband nach Möglichkeit ungefähre Schätzungen derjenigen Kriegsschäden vorzunehmen, die infolge der besonderen Eigenschaften als Grenzland und als Sperrgebiet entstanden sind und nicht ohne weiteres seitens des Reiches bezahlt werden. Ferner sind die Mittel im Zusammenhang mit den beteiligten Industrien festzulegen, die beim Wiederaufbau in Frage kommen.

Jetzt, sofort muß gehandelt werden, damit bei allen an Stelle der Mutlosigkeit und Kopfhängerei wieder Hoffnung Platz greift.

Schon vor dem Kriege war das oberelsässische Kali in den Fördermengen benachteiligt gegenüber dem mitteldeutschen Kali. Auch in dieser Beziehung sollte man wegen der Hilfsbedürftigkeit des Landes eine Verbesserung zu erreichen suchen.

Ganz besonders aber muß der Verband auch gegen die Entfernung der oberrheinischen Wasserkräfte aus dem Lande Stellung nehmen, sowie gegen eine Lösung der

Schiffahrtsfrage nach Basel und zum Bodensee, die die elsässischen Interessen unnötig schädigt.

Die Bedingungen des bevorstehenden Friedens werden das deutsche Elsaß-Lothringen ganz erheblich beeinflussen. Hinzuweisen ist dabei auf die dringend nötige Sicherung des oberelsässischen Bezirks und der dort neu zu schaffenden Werte am Oberrhein und im Kaligebiet gegen das Loch von Belfort. Weiter muß der Ausbau des Kanals von Altmünsterol nach Südostfrankreich auf normale Schleusenmaße erreicht werden, sodann die Sicherung ungestörten Verkehrs von Lothringen nach Straßburg über die ostfranzösischen Kanäle, vor allem die Sicherung der Abgabenfreiheit wie vor dem Krieg. Schließlich ist es von außerordentlicher Wichtigkeit, die Handelskammern und Industrievertretungen der ganzen Westgrenze auf die Gefahren hinzuweisen, die das Bombenwerfen aus der Luft in Zukunft der industriellen Entwicklung von ganz Westdeutschland bringen kann, und einheitliche Schritte dahin zu unternehmen, daß bei der Reichsleitung die Wichtigkeit eines internationalen Abkommens über den Luftkrieg erkannt wird.

Die Förderung der Gefühle einer Verpflichtung in Deutschland gegenüber seinem Reichsland muß eine Hauptaufgabe des Verbandes sein. Diese Verpflichtung besteht vor allem in einer angemessenen, entgegenkommenden und weitherzigen gesetzlichen Festlegung des Begriffes Kriegsschaden, der heute noch gänzlich unsicher ist. Der Kredit unseres Landes und seiner Wirtschaftsträger hängt unmittelbar von dieser Frage ab. Bis jetzt ist es nicht einmal gelungen, eine einigermaßen zufriedenstellende Auszahlung für diejenigen Kriegsleistungen und Kriegsschäden zu erwirken, die gesetzlich klar liegen und fällig sind. Monate-, ja jahrelang warten die Geschädigten im Lande auf die ihnen zustehenden Zahlungen.

Weiß das Land, daß es gesetzlichen Anspruch auf weitherzige Regelung der Kriegsschäden und Aussicht auf Reichshilfe hat, so wird es auch seine Zukunft hoffnungsvoller ansehen und damit in seiner politischen Stimmung wieder klarer werden. Nur, wenn ein Volk, wie das von der Geschichte seit Jahrhunderten schwer geprüfte elsaß-lothringische, weiß, daß es sein vom Kriege halb zerstörtes Haus sicher und wohnlich wieder aufbauen kann, darf man von ihm politische Hoffnung und Klarheit erwarten. Es ist viel weniger der geldliche Teil dieser Frage als die Seite der Gerechtigkeit und des Mitgefühls, der Anerkennung schwerster Opfer, die die Stimmung des ganzen Volkes günstig beeinflussen wird.

Eines muß bei all diesen Bestrebungen vorausgesetzt werden: Zu erfolgreicher Arbeit und zu unerläßlicher Einigkeit des wirtschaftlichen Willens in unserem Lande gehört mehr noch als vor dem Kriege der klare, unzweideutige und ohne jeden Vorbehalt gewollte Anschluß des Volksganzen nicht nur an das deutsche Wirtschaftsleben, sondern auch an das Wesen deutscher Kultur. Alle Halbheiten auf diesem Gebiet schaden uns jetzt und in Zukunft noch viel mehr als in der Vergangenheit, und nur wenn wir in dieser Richtung das Vertrauen wenigstens der vorurteilslosen Deutschen restlos erworben haben, können wir verlangen, daß unsere wirtschaftliche Eigenart und unsere Naturschätze auch tatsächlich vom Reich geachtet werden.

Der innerpolitische Umschwung in Deutschland, der Ausbau demokratischer Staatsgrundsätze und die größere Mitwirkung des Volksganzen in Deutschland am Staatsleben und Staatswillen wird zu dieser inneren Annäherung des elsaß-lothringischen Volkes an das große Deutschland unendlich viel beitragen, es wird die hohe Achtung, die das elsaß-lothringische Volk vor der wirtschaftlichen Leistung Deutschlands immer gehabt hat, in Wärme und gefühlsmäßigen Anschluß verwandeln.

Es liegt gegenwärtig über dem ganzen Lande eine an sich nur zu begreifliche Lähmung des wirtschaftlichen Willens, nicht zuletzt hervorgerufen durch die Unsicherheit seiner Zukunft. Wenn auch der ins Leben gerufene Verband unter keinen Umständen sich politischen Einflüssen hingeben soll, so muß er doch die wirtschaftlichen Folgerungen aus politischen Absichten ziehen, wie sie in besonders schädlicher Form den verschiedenartigen Aufteilungsplänen eigen sind. Unter welcher Staatsform diese Einheitlichkeit der Entwicklung vor sich geht, ist nicht Sorge des Verbandes; dringende Aufgabe aber ist für ihn, mit aller Macht die Überzeugung in Deutschland zu wecken, daß Elsaß-Lothringen ein Wirtschaftsgebiet von genügender Lebensfähigkeit darstellt, vorausgesetzt, daß das Reich den Wiederaufbau mit Wohlwollen begleitet und die von innen natürlich entstandenen wirtschaftlichen Fragen und Sorgen des Landes den künstlich von außen hereingetragenen politischen Wünschen Dritter voranstellt.

FSC
www.fsc.org
MIX
Papier | Fördert gute Waldnutzung
FSC® C083411

Kolibri 360 GmbH
Ferdinand-Jühlke-Straße 7
99095 Erfurt, Deutschland
produktsicherheit@kolibri360.de